JE FÊTE mon ANNIVERSAIRE

Conception et rédaction des jeux :
Isabelle Bertrand
Illustrations des jeux :
Clément Oubrerie
Pictos :
Bruno Liance
Mascottes :
Lewis Trondheim
Conception graphique :
Lætitia Bertrand, Jean-François Saada et Lieve Louwagie
Conception graphique de la couverture :
Maryse Guittet
Maquette :
Anne-Marie Esteban

100 % JEUX

JE FÊTE mon ANNIVERSAIRE

Nathan

Sommaire

Prépare la fête

Jeux pour le début

Jeux rigolos et excitants

Prépare la fête

Plan d'action

À faire	Comment ?	Quand ?
• Fixe la date du jour J		J - 20
• Dresse la liste de tes invités	Astuces, page 9	J - 20 à J - 15
• Fixe le principe de ta fête	Idées, pages 10 et 11	J - 20 à J - 15
• Prépare et envoie les invitations	Fabrication, page 13 Modèles, pages 14 à 17	J - 15
• Établis le menu du goûter	Idées et recettes, pages 22 à 31	J - 10
• Fais les courses (décoration et goûter)	Quantités, page 32 Idées, pages 20 et 21	J - 7 à J - 2
• Relance les invités qui n'ont pas répondu		J - 4
• Prévois les festivités (jeux et animations)	Jeux, pages 33 à 95 Petits cadeaux, page 35 Gages, page 36	J - 3
• Prépare les jeux ou activités demandant un travail préalable		J - 1
• Organise et décore l'espace de ta fête	Organisation générale, page 18 Idées, pages 20 et 21	J - 1
• Prépare le goûter (gâteau, buffet, boissons...)	Pages 23 à 31	J - 1 à jour J
• Anime ou fais animer par un meneur de jeu		Le jour J
• Remercie tes amis...	Idée-photo page 40	J + 3

1, 2, 3... combien d'invités ?

Combien de copains inviter ?
Pas toute la classe, faute de place ! (À moins que tu n'habites un château ou que tu n'aies la possibilité de louer ou d'emprunter une grande salle.)

Le plus souvent, hélas, il faudra se restreindre. Alors combien ? Un bon truc : autant d'amis qu'il y a de bougies sur ton gâteau !

Quel jour, quelle heure et quelle durée ?
Trois ou quatre heures maximum. Par exemple, un mercredi ou un samedi, de 14 h à 17 h.

C'est ta fête !

Si tu n'as pas le temps ni l'envie de te casser la tête, organise très simplement une fête réussie en suivant les idées de jeux et d'animations proposées dans ce livre !

Si tu as du temps ou si tu veux marquer les esprits, choisis un thème pour donner un fil conducteur à ta fête. Il guidera ta sélection de jeux et de petits cadeaux, et t'aidera à préparer le goûter d'anniversaire, les invitations, la décoration…

Une autre solution consiste à décorer seulement le gâteau d'anniversaire selon un thème précis. Regarde les astuces de la page 23.

Des idées de thèmes

Chapeaux
(chacun apporte un chapeau)

Animaux

Indiens et cow-boys

Cirque (clowns, magiciens, dompteurs, fauves, jongleurs...)

Espions et détectives

Châteaux forts
(chevaliers, princesses, troubadours, fées...)

Pirates

Extraterrestres

Autour du monde

Fête de l'eau (à l'extérieur)

Fête foraine

Épouvante
(sorcières, monstres, fantômes, vampires...)

Les jeux en harmonie avec l'un de ces thèmes sont repérés par le message suivant :

Super pour le thème Fête foraine !

Le plein de jeux

Des jeux pour chaque moment !

Établis à l'avance la liste des jeux que tu vas proposer à tes amis.

Les jeux pour le début permettront à tes invités de se sentir tout de suite à l'aise (pages 34 à 44).

Les jeux rigolos et excitants sont des jeux très animés... pour une ambiance infernale ! (pages 46 à 80).

Il y a aussi les jeux plus calmes pour la fin de la journée et le départ (pages 82 à 95).

C'est toi qui invites !

Inspire-toi des modèles proposés pages 14 à 17 pour fabriquer toi-même les invitations. Regarde page 14 ce qu'il ne faut pas oublier d'indiquer.

Petites astuces :
Frises réalisées au tampon ou à la pomme de terre, dessins, texte en couleur, gommettes, décalcomanies...

Dessine une forme très simple (pomme, poisson, tulipe, chapeau...), écris ton texte à l'intérieur, photocopie en autant d'exemplaires que d'invités et découpe en suivant le contour de ton dessin.

Si tu as un ordinateur, imprime tes invitations en ornant le texte avec les dessins proposés par le logiciel.

L'invitation « trace de pas » est réalisée en enduisant de gouache la semelle d'une de tes baskets et en l'appliquant comme un gros tampon, sur une feuille de papier.

Distribue les invitations deux semaines à l'avance. Si tu les envoies par la poste, choisis de jolis timbres de collection.

Une invitation type

Inspire-toi de ce modèle pour réaliser tes propres invitations.

Quatre jours avant la fête, rappelle ceux qui n'ont pas confirmé leur venue pour t'assurer de leur présence.

L'invitation puzzle

Après l'avoir complétée, photocopie l'invitation puzzle que tu auras dessinée, en autant d'exemplaires que d'invités. Découpe ensuite les pièces de chaque puzzle, avant de les glisser dans les enveloppes.

Exemples d'invitations

Rendez-vous chez moi

Anita d'Oléron
4, allée des dunes
17000 Saint-Pierre
Tél. : 05 00 00 00 50

Le mercredi 17 décembre de 14 h à 17 h pour fêter mon anniversaire

Merci de confirmer ta venue avant le 30 novembre
et de te munir d'un chapeau * !
(* n'importe lequel)

Super pour le thème Chapeaux !

Viens m'aider à souffler mes bougies d'anniversaire !

Prénom :
Nom :
Adresse :
Date :
Heure : de h à h
Tél. :

Merci de confirmer ta venue avant le :

Super pour le thème Animaux !

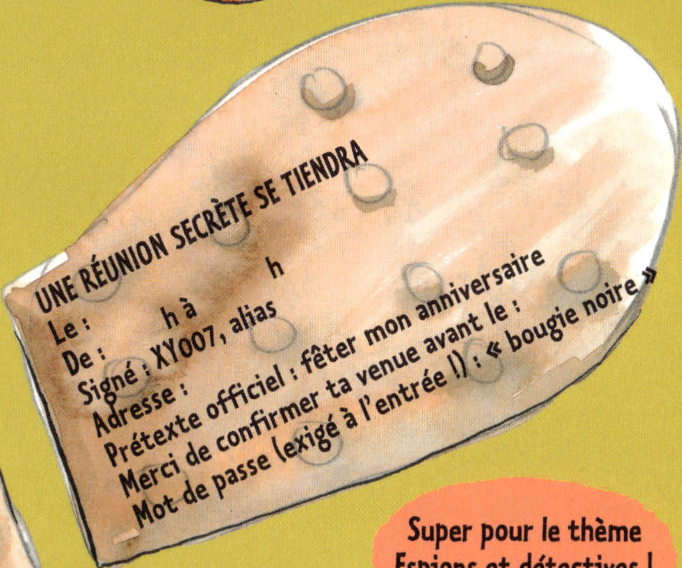

Super pour le thème Espions et détectives !

Dedans ou dehors, ton annif ?

Si c'est dans un jardin,
prévois une solution de repli (garage, véranda...) en cas de pluie.

Si c'est à l'intérieur,
planifie ce qu'il faudra enlever pour faire place nette (pousser des meubles, rouler les tapis, écarter les choses dangereuses ou fragiles...).

Comment organiser l'espace ?
Organise des zones séparées pour les jeux et pour le goûter.

Prévois un vestiaire où déposer les manteaux et les écharpes (ça peut être sur le lit de tes parents s'ils sont d'accord !).

Et, comble du luxe, pense à un « coin repos » (banquette, matelas, coussins...) où s'affaler pour récupérer et papoter tranquillement.

Par ici la belle fête !

Sur le chemin qui mène jusqu'à chez toi, fixe des ballons portant ton prénom écrit au marqueur indélébile, agrémentés de commentaires :
« Tu approches ! »,
« Tu es sur la bonne voie »,
« Encore un petit effort ! »,
« Suis la flèche ! », « C'est ici ! ».

Pour mettre tes invités dans une ambiance de fête, accroche un ballon ou un dessin sur la porte d'entrée.

Tu peux aussi baliser tout le trajet avec un chemin de confettis.

Si tu fais une fête à thème, utilise pour le fléchage le symbole correspondant. Par exemple, pour le thème « Espions et détectives » : une trace de pas !
Trace leur contour dans du carton rigide et inscris à l'intérieur :
« Suis les pas pour ne pas te perdre ! ».

Super pour le thème Espions et détectives !

Une déco de pro !

Crée une déco perso à partir de ces idées !

Accroche une guirlande :

BON ANNIVERSAIRE !

Pour cela, découpe de grosses lettres dans du papier coloré, perce un trou à la perforeuse en haut de chacune d'elles et enfile-les sur un bolduc. Tu peux aussi tendre une corde à linge et accrocher chaque lettre avec une pince à linge.

Dispose des grappes de ballons multicolores et étire de longs rubans de papier crépon.

Réalise des guirlandes de fruits ou de bonshommes en découpant des feuilles de papier pliées en accordéon.

Affiche des posters, des grands collages ou tes dessins.

Réalise une déco « futuriste »
à base de papier d'aluminium,
de carton et de collage
de cédéroms publicitaires.

Choisis une nappe et des serviettes
en papier coloré ou gaiement illustré.
Si ta fête a un thème, tâche
d'y accorder les motifs choisis.

Tu peux aussi décorer une nappe
blanche en papier avec des graffitis
(feutres de couleur)
ou des impressions au tampon
(tampon de caoutchouc
ou tampon-pomme de terre).

Pour faire des impressions au tampon :
découpe des cubes ou des bâtons de pomme de terre
et sculpte une extrémité selon un motif simple
(carré, cercle, triangle, étoile, lettre, chiffre...).
Trempe cette extrémité dans de la gouache
de couleur et applique ce tampon improvisé
sur les supports de papier.

Dessine des têtes rigolotes et très simples
sur les gobelets en papier.

Assis ou debout ?

Le goûter assis
Il est servi en une seule fois, autour d'une table. Assure-toi d'avoir autant de sièges que d'invités !

Le buffet
Dispose tout sur une grande table, avant l'arrivée des invités. Chacun se servira comme il l'entend.

Haut, le gâteau !

Tant mieux s'il est spectaculaire,
car c'est le clou de ton anniversaire.
Regarde vite les recettes
pages 24 à 27 pour t'inspirer.
Tu peux faire un gâteau rond,
carré ou rectangulaire,
puis le décorer à ton idée.

Gâteau-terrain de foot

Gâteau-mystère

Avec ces ingrédients,
tu peux faire des merveilles :

- Sucre glace (poudrage ou glaçage)
- Gélatine de couleur
- Paillettes, étoiles, mimosa
- Bonbons fantaisie (nounours, fraises et bananes...)
- Grains de café
- Paillettes en chocolat
- Raisins secs
- Petits jouets (personnages, animaux, autos miniatures...)

Gâteau-forêt vierge

Gâteau-école

Tout simplement,
écris ton nom ou ton âge
sur le gâteau, avec du mimosa
ou des bonbons ronds.

Gâteau-plage

Surtout, surtout,
n'oublie pas les bougies !

Gâteau au chocolat choc'

Ingrédients (pour 6 à 8 enfants) :
- 200 g de chocolat noir
- 2 cuillères à soupe de lait
- 2 cuillères à soupe de sucre
- 3 cuillères à soupe de farine
- 2 œufs
- 100 g de beurre fondu

Ustensiles :
- des grands bols, un batteur, une spatule en bois, une fourchette, un moule anti-adhésif

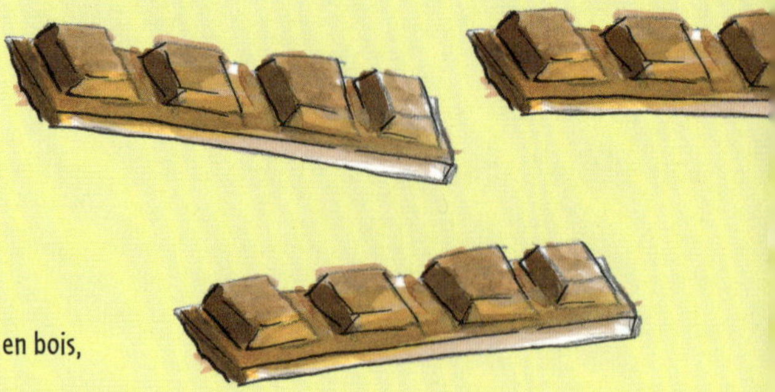

1. Fais chauffer le lait.
Verse dedans le chocolat, remue avec la spatule et laisse refroidir 5 min.

2. Sépare les blancs des jaunes d'œufs : verse les jaunes dans le chocolat fondu, et les blancs dans un grand bol.

3. Ajoute le beurre fondu, le sucre et la farine dans le chocolat, puis mélange.

4. Bats les blancs en neige, puis incorpore-les délicatement au chocolat.

5. Verse le tout dans ton moule.

6. Cuisson : 35 min à 140 °C (th. 4).

Gâteau surprise aux carottes

Ingrédients (pour 8 à 12 enfants) :
- 300 g de carottes
- 250 g de farine
- 250 g de sucre roux
- 3 œufs
- 150 g de beurre fondu
- 1 sachet de levure chimique
- 125 g de raisins secs
- 1 cuillère à café de gingembre et de cannelle en poudre
- facultatif : 150 g de noix hachées

Ustensiles :
- des grands bols, une râpe, une fourchette, un moule assez haut (ça gonfle !)

1. Préchauffe le four à 180 °C (th. 6).
2. Râpe les carottes.
3. Ajoute les œufs battus, le sucre, la farine mélangée à la levure, le beurre fondu. Remue bien chaque fois avec la fourchette.
4. Ajoute les épices, les raisins et, si tu veux, les noix.
5. Verse cet épais mélange dans un moule anti-adhésif.
6. Cuisson : 1 h à 160 °C (th. 5).

L'amandin glacé-régalé

Ingrédients (pour 10 à 12 enfants) :
- 250 g de poudre d'amandes
- 200 g de sucre en poudre
- 7 œufs

Glaçage :
- 250 g de sucre glace
- le jus d'un citron
- facultatif : colorant alimentaire

Ustensiles :
- des jattes, un batteur, une fourchette, un moule anti-adhésif à bord haut, une palette en plastique

1. Sépare les blancs des jaunes d'œufs.
2. Travaille au batteur le mélange jaunes et sucre.
3. Ajoute la poudre d'amandes. Remue bien.
4. Bats les blancs en neige.
5. Ajoute délicatement les blancs montés en neige au mélange jaunes, sucre, amandes.
6. Cuisson : 30 min à 150 °C (th. 5). La pointe d'un couteau enfoncée dans le gâteau doit ressortir sèche.
7. Démoule le gâteau encore chaud sur le plat de service. Laisse refroidir.
8. Glaçage : délaie le sucre glace avec le jus de citron. Verse sur le gâteau et égalise avec une palette en plastique.
9. Laisse durcir au réfrigérateur.

Gâteau aux marrons-dingues

Ingrédients (pour 6 à 8 enfants) :
- 1 boîte de 1 kg de crème de marrons
- 4 œufs
- 150 g de beurre fondu

Finitions :
- sucre glace
ou chantilly en bombe

Ustensiles :
- deux jattes, un batteur,
une fourchette, un moule à gâteau

1. Préchauffe le four à 150 °C (th. 5).
2. Verse la crème de marrons dans une jatte et ajoute le beurre fondu.
3. Sépare les blancs des jaunes d'œufs : verse les jaunes dans la crème de marrons, les blancs dans une jatte.
4. Bats les blancs en neige.
5. Ajoute délicatement les blancs montés en neige à la crème de marrons.
6. Au four pour 45 min !
7. Démoule sur le plat de service. Laisse refroidir, puis saupoudre de sucre glace ou décore avec de la chantilly.

Tout en sucre

Fruits

- Salade de fruits.
- Bananes séchées d'apéritif.
- Fruits de saison (pommes, poires, bananes, oranges, pamplemousses, clémentines, raisins, fraises, abricots, melon, pastèque...) coupés en morceaux et embrochés sur des piques plantées dans une pomme ou un pamplemousse.

Sucreries

Faciles à trouver
en différentes couleurs :
pâtes de fruits, pâte d'amande,
guimauve, meringues, macarons...

Glaces

Joue avec leurs couleurs
et leurs parfums !

Idée glacée

Poire Belle-Hélène :
1/2 poire au sirop
et 2 boules de glace
à la vanille nappées
de chocolat chaud.

Bonbons
Fraises, bananes,
tranches de citron et d'orange,
bonbons aux fruits...

Petites confiseries
Nounours en gomme
ou en guimauve au chocolat,
poissons en chocolat,
œufs en sucre, crottes
en chocolat, etc.
Coupelles de crème
de marrons, rebaptisée...
bouse de yack !
Cacahuètes entières, etc.

Super pour le thème Animaux !

Goûter salé

Pour un pique-nique
en plein air, un barbecue
dans le jardin...
Pour reprendre des forces
après les courses
ou la chasse au trésor...
Ou pour servir
« d'apéritif » à ton goûter :

Chips, tacos,
pétales de maïs.

Canapés multicolores :
dispose sur une tranche de pain
de mie coupée en triangle :
- de la salade
ou du concombre,
une rondelle de tomate,
une rondelle d'œuf dur,
une câpre, une olive
ou une rondelle
de cornichon ;
- du tarama, des olives noires ;
- du beurre, du jambon blanc
ou des lamelles de fromage.

Radis,
olives, mini-
tomates.

Brochettes porc-épic :
enfile sur des piques en bois
crudités, olives, raisins, cubes
de pomme, de fromage
ou de jambon.
Plante tous ces « piquants »
sur un gros fruit
(pamplemousse, ananas...)
ou un gros légume
(chou vert, chou-fleur...).

Les classiques
- Jus de fruits (oranges, pommes, raisin, multivitamines...) ou cocktails aux fruits.
- Sirops (menthe, grenadine, orangeade, citronnade).
- Sodas (limonade, cola...), eau, lait.

Les glaçons rigolos
Place dans les bacs à glaçons des petits fruits (grain de raisin, framboise, fraise...) ou des mini-bonbons avant de les remplir d'eau !

Les spéciales
Colorées : limonade, sodas à l'orange et au citron, avec quelques gouttes de colorant alimentaire (bleu, violet, rose...) pour obtenir des couleurs très bizarres.

Délire : cola (rebaptisé « caca de koala » pour le thème Animaux !), jus de tomates ou d'oranges sanguines (« sang de bœuf »), jus de pommes (« pipi de hyène »), etc.

Quelles quantités prévoir ?

Tout dépend du temps,
de la durée de la fête
et de l'appétit de tes invités !

S'il fait très chaud
et s'il y a beaucoup de jeux
animés (comme les courses
de relais), prévois large
pour les boissons.

À titre indicatif, compte
1/2 à 3/4 de litre par personne
(4 à 6 verres).

Exemple, pour une fête
de 12 enfants :
Coca : 2 bouteilles de 1,5 l = 3 l
Jus (nectar multivitamines) : 2 l
Autres jus : 2 ou 3 l
Sirop : 1 bouteille

De l'eau à volonté !

Conseil d'ami
Garde en réserve une ou deux bouteilles de sirop à diluer dans une bouteille d'eau.

Jeux pour le début

La plouf

Pour savoir qui commence !

« Plouf, plouf, une balle en or, c'est toi qui sors au bout de trois. Un, deux, trois : c'est pas toi ! »

À chaque tour, cette plouf élimine un joueur. Le gagnant est celui qui reste tout à la fin.

Autres solutions : tirer à la courte paille ou faire un 6 avec un dé.

Conseil d'ami

Si tu veux aller vite, choisis plutôt la plouf des oies « Une oie, deux oies, trois oies, quatre oies, cinq oies, six oies... c'est toi ! ».

Les petits cadeaux

Ils récompensent les gagnants, consolent les perdants et s'emportent en souvenir !

Matériel :
- du papier d'emballage

Ne te ruine pas ! Ce sont de tout petits cadeaux achetés pas cher dans les bazars ou les solderies : des tatouages en décalcomanie, des sifflets, des lunettes de soleil, des mini-puzzles, des billes, des yo-yo), des petits jouets (personnages, animaux, autos miniatures...), des barrettes, des chouchous, etc.

Pense aussi aux confiseries : des nounours ou des sucettes...

Enfin, tu peux aussi réaliser toi-même des objets, en pâte à sel par exemple (recette page 90).

Ou bien ce sont des primes publicitaires : des casquettes, des visières, des frisbees, des ballons gonflables, des stylos, des disquettes et des cédéroms, des jeux de cartes, des images, des posters, des pin's, des porte-clefs, des badges, des bagues, des chaînettes, des broches, des colliers, des bracelets, des petites trousses, des échantillons...

Les gages

Matériel :
- du papier
- un stylo
- un chapeau

Qui perd gagne... un gage !

Lors des préparatifs de la fête, tu as écrit chaque gage sur un petit papier plié en quatre que tu déposeras dans un chapeau.

La « victime » tire un papier et lit à haute voix le sujet de son épreuve avant de l'exécuter cor-rec-te-ment !

Les idées de gages

Chante une chanson !
Chante la bouche fermée !
Raconte une histoire drôle !
Dis quatre mots en anglais !
Invente une recette de cuisine dégoûtante !
Dessine une pomme les yeux fermés !
Fais une horrible grimace !
Fais le tour de la pièce à cloche-pied !
Hennis trois fois !

Conseil d'ami
Un gage, c'est un gag... pas un bagne !

6 et +

Le serpent agile

Il ondule dans toute la maison !

Tous en file indienne !

Super pour le thème Animaux !

Toi, le chef de file,
tu commences à avancer,
une main en l'air,
l'autre sur la hanche,
puis coudes au corps,
en sautillant, en te bouchant
les oreilles, en chantonnant, etc.

Tu peux même reculer !
Toute la file te suit
en copiant
fidèlement ton attitude
et tes paroles.

Conseil d'ami

Le serpent se promène ainsi dans toute la maison, ce qui permet à tes invités de repérer les lieux.

6 et +

La mêlée

Au signal du meneur de jeu, vous vous jetez les uns sur les autres pour former une grappe humaine grouillante comme un tas de vers !

Mieux qu'au rugby !

Puis stop ! Chacun s'immobilise. Le meneur de jeu donne alors des ordres pour démêler les corps enchevêtrés : « Quentin, dégage ta jambe gauche », « Marine, soulève ton bras droit », etc.

Entortillez-vous les uns autour des autres, appuyez-vous les uns sur les autres, mélangez les bras, les mains, les jambes...

Attention, les joueurs non désignés doivent garder leur position !

Le totem

Matériel :
- une plaque de carton fort
- des objets jetables
- de la colle universelle

Super pour le thème Indiens et cow-boys !

Réalisez une sculpture collective !

Demande à tes invités d'apporter de chez eux quelques objets jetables : pots, bouteilles et canettes vides (rincés et séchés !), boîtes, capsules, couvercles, stylos et marqueurs usés, gobelets, fourchettes et assiettes jetables, serviettes en papier, boules de coton, etc.

La plaque de carton fort constitue la base de l'œuvre. Chacun vient coller ses objets dessus pour édifier le totem par empilages successifs.

Conseil de sage

Prévois un petit stock d'objets jetables pour dépanner les têtes en l'air !

Photo-souvenir

Matériel :
- un grand morceau de carton
- des cartons d'emballage
- des ciseaux
- un appareil photo jetable
- pour la décoration : des feutres, des pinceaux, de la gouache, des posters...

Sans écran

Tu peux aussi faire poser tes invités comme ils le souhaitent : avec un accessoire rigolo, devant un fond noir, etc.

Conseil d'ami

Fais faire les tirages en double : un exemplaire pour toi et un autre que tu enverras à chaque invité pour le remercier d'être venu.

Faites-vous tirer le portrait !

Immortalise ta fête en faisant poser chaque invité ! Prépare un écran de carton sur lequel tu dessines un personnage (clown, nounours, bonhomme de neige, etc.)

Découpe un trou à la place de la tête : c'est là qu'apparaîtra celle de tes invités !

Pour faire tenir l'écran debout, fixe-le contre deux cartons d'emballage, placés au dos.

La danse du tapis

Matériel :
- de la musique
- un petit tapis (tapis de bain, serviette éponge, journal...)

Un bon prétexte pour s'embrasser, eh, eh !

Faites une ronde !
Toi, tu restes debout au centre du cercle et tu tiens le tapis.

Super pour le thème Châteaux forts !

Le meneur de jeu lance la musique. La ronde se met à tourner, chanter, sauter, danser.

Dès que la musique s'arrête, choisis ton prince ou ta princesse et pose le tapis à ses pieds.

Vous vous agenouillez tous les deux sur le tapis et vous vous embrassez !

La musique reprend, l'heureux élu passe au centre avec le tapis et ça continue !

4 et +

Mime-prénom

Matériel :
- du papier
- des crayons

Devine qui c'est !

Mettez-vous en cercle et présentez-vous à tour de rôle. Puis inscrivez votre prénom sur un morceau de papier que vous jetez, plié, dans un sac.

Chacun tire un prénom et le mime (si le prénom est impossible à mimer, mimez une attitude caractéristique de son propriétaire !).

Pour mimer un prénom, considérez-le en entier (Pierre, Olivier, Roman, Marine...) ou découpez-le en syllabes que vous mimez successivement (Caroline = carreau - lit- nœud ; Félicie = fée - lit - scie).

Le premier qui devine marque un point. Vous pouvez tirer au sort l'ordre de passage. Celui qui n'a rien trouvé a un gage.

Le chat malade

6 et +

Si tu rigoles, c'est toi qui miaules !

Faites une ronde et une plouf pour décider qui est le chat. Le chat se met au milieu.

Vous tournez en chantant :
« Seul au coin du feu, le chat grogne, le chat grogne,
seul au coin du feu, le chat grogne et dit qu'il pleut.
Ouh ! Le minet ! »

Super pour le thème Animaux !

À la fin de la chanson, le chat choisit quelqu'un et se dirige vers lui en miaulant.
Si c'est toi, tu dois alors dire :
« Pauvre petit chat malade ! »
tout en lui caressant la tête.

Méfie-toi, car le but du chat est de te faire rire avec ses mimiques de matou.
S'il réussit, tu prends sa place.
Sinon, il essaie avec quelqu'un d'autre.

Courant électrique

Faites-le passer !

Faites une ronde. Lance le courant en pressant discrètement la main de ton voisin de droite, comme si tu transmettais un message en morse, par exemple : une pression courte, deux longues, une courte.

L'impulsion fait le tour de la ronde pour te revenir par ton voisin de gauche.

Le signal est-il identique ? Si c'est non, recommence, si c'est oui, au suivant !

Jeux rigolos et excitants

6 et +

La sardine

Serrés comme dans une boîte de conserve !

Tirez au sort pour savoir qui est la sardine. Elle file se cacher pendant que les autres comptent à voix haute jusqu'à 50, ensemble et les yeux fermés (pas de triche !).

Ensuite, chacun part à la recherche de la sardine. Le premier qui la trouve... se cache avec elle ! Le suivant se serre avec eux dans la cachette et ainsi de suite.

On se pousse, on se recroqueville, on essaie d'être discrets pour ne pas se faire repérer ! Le dernier arrivé fait la sardine le tour suivant.

Super pour le thème Espions et détectives !

Conseil d'ami

Comptez lentement pour que la sardine ait le temps de trouver une bonne cachette !

Pousse-nez

Pousse l'orange avec ton nez !

Matériel :
- une orange
- un chronomètre

Avant le jeu

Le meneur fixe les lignes de départ et d'arrivée et place l'orange sur le point de départ.

Chacun joue à tour de rôle.
Toi, le premier joueur, tu te mets à quatre pattes ou à plat ventre.
C'est parti ! Le seul moyen autorisé pour pousser l'orange, c'est avec ton nez !

Super pour le thème Cirque !

Le meneur de jeu chronomètre ton parcours et distribue les pénalités :
+ 5 secondes si tu pousses avec le front,
+ 10 secondes si tu pousses avec le genou.
Élimination si tu pousses l'orange avec ton pied !

Celui qui réalise le plus petit temps a gagné !

Craque-ballon

Matériel :
- un ballon de baudruche par joueur
- de la ficelle
- des ciseaux

Ils éclatent et on s'éclate !

Gonflez les ballons et nouez l'embout pour les fermer.

Avec un morceau de ficelle, attachez-vous tous un ballon gonflé à la cheville, de sorte qu'il traîne par terre. Quand tout le monde est prêt, sus aux ballons !

Le but est bien sûr de faire éclater le ballon des autres tout en protégeant le sien !

Tous les coups sont permis : pincer, griffer, sauter à pieds joints dessus...
Mais attention ! Ce sont les ballons qu'on attaque... et seulement eux !

Conseil d'ami

Interdiction, sous peine d'élimination, d'utiliser un outil perce-ballon (épingle, trombone, etc.) !

6 et +

Le petit train

Marchez collés-collés !

Mettez-vous tous à la queue leu leu. Chacun enlace la taille du joueur qui le précède pour marcher collé à lui.

Marche ordinaire, puis marche accélérée, un virage à droite, un virage à gauche. Tu-tutt ! Le petit train part en marche arrière, avance à nouveau puis « Attention ! Tunnel ! » : tout le monde marche courbé en deux. Nouvelle accélération... et freinage brutal !

Le premier qui tombe devient la locomotive !

3 et +

Le délice des ours

Matériel :
- de la ficelle
- des pinces à linge
- des tranches de pain d'épice

Sans les pattes !

Tu tends une cordelette entre deux arbres ou deux poignées de portes et tu y fixes quelques tranches de pain d'épice (avec les pinces à linge).

Super pour le thème Animaux !

Les ours arrivent
en se dandinant,
les deux pattes posées
sur leurs gros ventres
(car ils n'ont pas le droit
de s'en servir pour attraper
le pain d'épice !).

Le premier ours qui dévore sa tranche en entier a gagné.

6 et +

L'assassin

Mais que fait la police ?

Super pour le thème Espions et détectives !

Les joueurs s'alignent, tournant le dos au meneur de jeu qui distribue les rôles. Pour désigner l'assassin : 3 coups discrets contre son dos. Pour le policier : 2 coups. Pour les passants : 1 seul.

Puis les joueurs circulent (chacun ignore le rôle des autres). L'assassin tue en pinçant deux fois sa victime. Mais s'il s'attaque au policier, c'est lui qui se fait pincer.

Un passant pincé fait deux pas, avant de s'écrouler en hurlant. La foule continue à marcher. Rude tâche pour le policier : démasquer l'assassin avant qu'il ne frappe de nouveau.

Conseil de sage

Le but du jeu n'est pas de pincer les autres !

4 et +

Mystère, mystère

Matériel :
- un drap blanc
- une lampe

Mais que fabriquent-ils derrière l'écran ?

Super pour le thème Espions et détectives !

Tendez un drap sur une ficelle ou dans l'encadrement d'une porte. Derrière, placez une lumière et éteignez tout le reste. Installez-vous face à l'écran. Le spectacle va commencer !

L'un de vous se place de profil derrière le drap et mime une activité : dormir, boire, jouer du violon, sentir une fleur, monter les escaliers, faire sauter des crêpes... Aux autres de deviner de quoi il s'agit !

Le gagnant passe à son tour derrière l'écran pour faire l'acteur.

Conseil d'ami
Placez la lumière à 1,50 m de l'écran.

Bonbon-ficelle

3 et +

Pour gagner, actionne tes mandibules !

Matériel :
- 1,50 m de ficelle à rôti
- des bonbons

Attache un bonbon
au milieu d'une ficelle fine.
Deux concurrents face à face
mettent une extrémité
de ficelle dans leur bouche...
puis les mains derrière le dos.

Partez ! Celui qui,
en mâchant la ficelle
(miam ! miam !),
arrive le premier
au bonbon l'a gagné !

3 et +

Drôle de basket

Matériel :
- une corbeille, un panier ou un baril de lessive
- différents projectiles (caillou, gland, boule de papier, balle de tennis, balle de ping-pong, balle en mousse, chaussettes roulées en boule, etc.)

Choisis tes munitions !

Super pour le thème Fête foraine !

Posez le « panier » par terre ou sur un socle (tabouret...) et tracez la ligne de tir.

À tour de rôle, placez-vous sur la ligne, choisissez quatre projectiles parmi ceux qui sont proposés et essayez de les lancer dans le « panier ». Comptez un point par tir réussi.

Encore plus précis !

Remplacez le panier par un alignement de bouteilles lestées de sable ou d'eau. Lancez des anneaux découpés dans du carton fort sur le col des bouteilles.

Conseil d'ami

Vous devez non seulement être adroits mais encore choisir judicieusement vos munitions !

3 et +

Jeu de massacre

Boum ! Boum ! Badaboum !

Matériel :
- des gobelets
- des pots en plastique
- des balles molles ou des chaussettes et des gants roulés en boule

Montez une pyramide et tracez la ligne de tir. Chacun à tour de rôle, vous essayez, en cinq lancers, de faire dégringoler le maximum d'objets.

Comptez un point par objet renversé.
Et n'oubliez pas de reconstruire la pyramide avant chaque passage de joueur !

Pour les fortiches

Tirez de dos, les yeux fermés, de la main droite pour un gaucher ou de la main gauche pour un droitier !

Conseil de pro

Avec 15 boîtes, on fait une superbe pyramide à 5 étages : 5 boîtes à la base, puis 4, puis 3, puis 2, et 1 au sommet.

Super pour le thème Fête foraine !

3 et +

L'alien beurk

Ouvre la bouche, la cuillère arrive !

Matériel :
- un bol de fromage blanc
- une petite cuillère
- du papier d'aluminium
(ou un tissu de couleur bizarre)
- quatre gants de vaisselle verts

Sur une table, pose le bol et la petite cuillère. Un demi-alien s'assoit, les mains gantées posées sur la table, le haut du corps et les bras recouverts de papier alu.

L'autre demi-alien, ganté aussi, se tient (et se cache !) derrière lui. Il passe ses bras devant « sa moitié », doit lui faire manger le fromage blanc... et vider le bol !

Attention, celui des deux qui regarde l'autre a un gage.

Tournoi d'aliens

Les gagnants sont ceux qui battent le record de vitesse de descente de bol avec le moins de taches possible !

Conseil de sage
Qui rit trop se salit !

L'embrouille

Ne t'emmêle pas les pinceaux !

Mettez-vous tous en cercle.

L'un de vous passe au milieu. Il s'adresse à un joueur et dit par exemple : « c'est mon oreille » en touchant son genou.

L'autre doit, du tac au tac, répondre : « c'est mon genou » en touchant son oreille.

S'il se trompe, il perd son tour ou reçoit un gage. S'il réussit, c'est lui qui passe au centre.

3 et +

La course aux chaussures

Rien ne sert de courir,

il faut savoir chausser !

Tracez les lignes de départ et d'arrivée. Avant le départ, ôtez une seule de vos chaussures que vous posez derrière la ligne d'arrivée, en tas avec celles des autres.

Feu ! Sautez à cloche-pied, le plus vite possible, jusqu'à l'arrivée, retrouvez votre chaussure, enfilez-la, lacez-la, (sinon gare aux chutes !) et revenez au départ en courant sur vos deux pieds !

Conseil de pro

Distinguez deux catégories : chaussures lacées et chaussures à scratch, sinon c'est trop injuste !

3 et +

Le glouton

Donnez-lui à manger !

Matériel :
- un grand morceau de carton
- des marqueurs
- des ciseaux
- de la ficelle
- des projectiles

Super pour le thème Fête foraine !

Le glouton avale tout : balles, boules de papier, capsules, bouchons, cailloux, chaussettes roulées en boule...

Dessine une tête amusante sur le carton. Fais-lui une bouche énorme que tu évides aux ciseaux. Suspends-la en passant la ficelle dans deux trous percés sur les côtés. Feu à volonté !

Conseil d'ami

Placez-vous à deux ou trois mètres pour lancer vos munitions dans la bouche du glouton.

Le passage du gué

Matériel :
- deux annuaires
- un chronomètre (facultatif)

Attention ! Les maladroits tombent à l'eau !

Super pour le thème Indiens et cow-boys !

Délimite un espace représentant la rivière à traverser. Pour passer le gué, pose une « brique » devant l'autre et un pied sur chaque brique.

Puis, en équilibre sur la brique avant, saisis la brique arrière et place-la devant la première afin de pouvoir progresser d'un pas.

Recommence la manœuvre autant de fois que nécessaire pour franchir la distance définie à l'avance.

Conseil d'ennemi

Quelques mètres suffisent largement. Celui qui « tombe à l'eau » doit boire une tasse d'eau, d'un coup et sans respirer !

Tenue chic exigée !

6 et +

Matériel :
- deux paquets bien ficelés remplis de chocolat, posés de chaque côté d'une table
- deux panoplies identiques avec un couteau, une fourchette, des gants, un chapeau, un tee-shirt, des lunettes de soleil

Mettez des gants pour déballer le chocolat !

Formez deux équipes. Chacune se place devant un paquet de chocolat. Au signal, vous, les têtes de file, vous enfilez tee-shirts et gants, mettez chapeaux et lunettes. Puis vous saisissez le couteau et la fourchette et ouvrez votre paquet.

Au nouveau signal, vous vous déshabillez vite pour passer la panoplie à votre second, qui, au prochain top, la passera au troisième joueur, etc. L'équipe gagnante est la première à déballer le chocolat. Miam !

Les siamois

Mettez-vous deux par deux, assis dos à dos. Les bras passés dans ceux de votre siamois, essayez de vous relever.

Super pour le thème Cirque !

Vous pouvez jouer à tour de rôle, les autres couples étant spectateurs, ou tous ensemble : le premier couple qui réussit à se lever a alors gagné.

Gardiens de nuit, assis !

4 et +

Matériel :
- des chaises
- de la musique

Argh ! où est ma chaise ?

Disposez autant de chaises qu'il y a de joueurs, moins une. Le meneur de jeu lance la musique et vous tournez, vous courez, vous dansez autour des chaises.

Soudain l'animateur stoppe la musique et éteint la lumière. Vite, vite, à tâtons, chacun cherche sa chaise !

On rallume. Qui n'a pas de chaise ? Toi ? Eh, bien tu es éliminé ! On enlève une autre chaise et le jeu reprend jusqu'à ce qu'il ne reste qu'un joueur assis : le vainqueur.

4 et +

Le duel à la cuillère

Matériel :
- une pomme et deux cuillères par duelliste

Combattez, preux chevaliers !

Les duellistes se placent face à face, à un mètre l'un de l'autre. En garde ! Tu as une cuillère dans une main, sur laquelle repose une pomme, en équilibre.

De l'autre main, tu tiens la deuxième cuillère, en guise d'épée. Elle te sert à défendre ta pomme et à essayer de faire tomber celle de ton adversaire.

Super pour le thème Châteaux forts !

Chat de bois

Touche du bois, minet ne t'attrapera pas !

Vous les souris insolentes, vous narguez le chat, vous lui tirez les moustaches (les cheveux, mais pas trop fort). Mais sauve qui peut ! Il s'est réveillé et vous court après !

Super pour le thème Animaux !

Une seule solution pour lui échapper : toucher du bois ! S'il t'attrape, tu deviens chat et lui, souris.

Chat-blessé

Le nouveau chat chasse en gardant une main posée à l'endroit où il a été touché.

Chat-couleurs

Quand le chat a dit bleu, il te suffit de toucher du bleu pour lui échapper.

6 et +

Les ambassadeurs

Matériel :
- du papier
- un crayon

Missions sans paroles

Idées de thèmes

- Bijoux
- Dinosaures
- Princesses et fées
- Chez le coiffeur
- Fou rire
- À la plage
- Les pirates
- Fantôme et épouvante
- Aïe !
- Extraterrestres
- Monstres gentils

Formez deux équipes. Chacune d'elles envoie un ambassadeur au meneur de jeu qui leur donne le premier thème.

Vous, les ambassadeurs, vous revenez à toute vitesse vers vos partenaires et, sans un mot, vous mimez le thème le mieux possible.

Dès qu'un joueur de votre équipe a trouvé, il court chercher le thème suivant et revient le mimer à son tour.

La première équipe qui réussit à deviner toute la liste remporte la partie.

Conseil d'ami

Pour qu'il n'y ait pas de « fuites », éloignez les équipes l'une de l'autre ou mettez-les chacune dans une pièce différente.

La queue de l'âne

Place-la au bon endroit !

Matériel :
- une grande feuille de papier
- des marqueurs
- des ciseaux
- de la ficelle
- des punaises
- un foulard

Avant le jeu

Dessine un âne sur la feuille de papier et trace une grande croix rouge à l'emplacement de sa queue. Fabrique une queue séparée, en papier ou en ficelle tressée. Prévois l'endroit (mur, tableau de liège...) où tu fixeras l'âne.

Super pour le thème Animaux !

Allez, c'est ton tour ! Regarde bien l'âne ! Le meneur de jeu te bande les yeux, te fait pivoter trois fois sur toi-même et te lance dans la bonne direction.

Il note ton nom à l'endroit où tu piques la punaise pour fixer la queue. Le joueur qui a planté sa punaise le plus près de la croix rouge a gagné !

La chasse au trésor

Super pour le thème Pirates !

Matériel :
- du papier
- un stylo
- des enveloppes
- un trésor : des pièces d'or en chocolat, des bonbons, des petits cadeaux...

Avant le jeu

Le meneur de jeu cache le trésor et définit les étapes qui guideront les joueurs. À chaque étape, il dissimule un petit papier comportant « l'indice » à découvrir pour parvenir à l'étape suivante. Il prépare pour chaque joueur une enveloppe contenant le premier indice.

Chaque indice est présenté sous une forme énigmatique : rébus, devinette, charade, message codé, puzzle à reconstituer, etc.
Les cachettes sont variées.
À l'extérieur : au pied d'un arbre, dans un panier, sous une pierre, dans un pot de fleurs, etc.
À l'intérieur : dans une poche de vêtement, dans un vase, sous un tapis, derrière un coussin de fauteuil, scotché sous une table, etc.

Le plus rapide s'empare du magot !

Vous pouvez jouer dehors ou dedans, seuls ou par équipe. Le meneur de jeu supervise le déroulement de la chasse, particulièrement si elle a lieu à l'extérieur.

Vous recevez une première enveloppe qui contient des informations à décoder pour accéder à un deuxième message (bien caché !). Il renferme les indices permettant de rallier l'étape suivante, et ainsi de suite jusqu'au « trésor » final.

C'est le premier arrivé qui l'emporte !

Conseil d'ami

Quand vous avez lu un indice, remettez-le soigneusement à sa place pour les joueurs suivants !

6 et +

La compote des syllabes

Aiguise ton ouïe !

Toi, tu vas t'éloigner.

Vous autres, vous vous mettez d'accord sur un mot ou une expression de trois ou quatre syllabes distinctes et vous vous répartissez les syllabes.

Exemple : « pe-tit pou-ssin ».
Dès que vous êtes au point, vous rappelez votre copain.

Au signal donné par l'un de vous, et tous ensemble, vous criez trois fois de suite votre syllabe.

Et toi, tu dois retrouver le mot ou l'expression d'origine !

Jeux d'extérieur

6 et +

Hardi, matelots !

Cours vite ou le pirate te fera la peau !

Matériel :
- une corde ou une ficelle pour délimiter la mer

Le pirate est au centre de la mer (un rectangle de 5 m sur 15 m). Les matelots sont sur une rive.

Quand l'un d'eux crie : « Pirate en vue ! », tous doivent traverser la mer en courant pour gagner l'autre rive, sans se faire toucher par le pirate.

Super pour le thème Pirates !

Les matelots touchés deviennent pirates : ils se tiennent à deux (ou trois) par la main pour faire d'autres victimes à la prochaine traversée. Le dernier matelot qui reste ferait un sacré pirate !

Plus risqué !

Les matelots traversent la mer à pieds joints, à cloche-pied, à reculons, les mains dans le dos, etc.

3 et +

Bateaux à croquer

Matériel :
- une cuvette emplie d'eau
- des pommes
- une trotteuse ou un sablier

Sans les mains !

Remplis une cuvette d'eau.
Pose deux ou trois pommes à la surface :
elles flottent comme des bateaux !
Et maintenant, les mains derrière le dos !

Pas facile, ainsi, d'arriver à croquer
une pomme ! Si c'est trop dur,
tu peux te contenter de saisir la queue
avec tes dents au bout de cinq essais.

Conseil d'ami
Chronométrez chaque passage ou utilisez un sablier pour limiter le temps d'essai. Changez les pommes déjà grignotées !

6 et +

La piñata

Matériel :
- un ballon de baudruche
- du papier journal
- de la farine
- de l'eau
- un bol
- des pinceaux
- des ciseaux
- de la gouache
- du vernis incolore (facultatif)
- des bonbons et des babioles

Super pour le thème Autour du monde !

Comment la fabriquer ?

Mélange 1/2 tasse de farine et 1 tasse d'eau pour obtenir de la colle. Gonfle un ballon de baudruche, puis noue solidement l'embout.

Déchire des bandes de papier journal, encolle-les avec le mélange et applique-les sur le ballon en plusieurs épaisseurs entrecroisées. Laisse sécher.

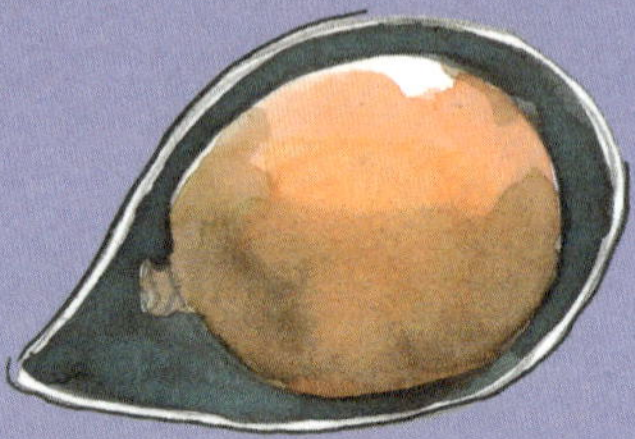

Crève le ballon avec une aiguille et découpe le haut de ta piñata pour pouvoir y glisser les cadeaux. Il ne te reste plus qu'à la décorer à la gouache et à la vernir éventuellement !

Comment la faire éclater !

Matériel :
- de la ficelle
- un bâton ou un manche à balai
- un bandeau

Les enfants, les yeux bandés et munis de grands bâtons, essaient à tour de rôle de faire éclater la piñata pour s'emparer de son contenu.

Conseil de pro
Au Mexique, les piñatas sont fabriquées en terre cuite : c'est encore plus drôle à casser !

6 et +

Les porteurs d'eau

Matériel :
- deux seaux identiques
- deux verres identiques
- de l'eau

Moins on en renverse, plus on gagne !

Super pour le thème Fête de l'eau !

Remplissez les deux seaux d'eau, à ras bord. Formez deux files. Chaque tête de file empoigne son seau et, sans le renverser, le fait passer au second joueur qui le passe au troisième et ainsi de suite jusqu'au dernier. Et le seau repart en sens inverse !

À chaque trajet du seau, passez-le derrière le dos, au-dessus de la tête, avec la main gauche, entre les jambes écartées...

À la fin, versez l'eau des seaux dans chaque verre. Comparez les niveaux : le plus haut l'emporte !

La course des garçons de café

4 et +

Matériel :
- un plateau
- une tasse pleine d'eau
- une soucoupe
- une cuillère
- un sucrier
- un chronomètre (facultatif)

Super pour le thème Fête de l'eau !

Définissez le parcours à effectuer aller-retour, plateau posé sur une seule main. C'est toi qui commences. Vite, vite, le café n'attend pas !

Si tout tombe, catastrophe, tu repars depuis le début. Arrivé au but, tu fais demi-tour et tu cours donner le plateau au joueur suivant.

Conseil d'ami

Si vous êtes nombreux, multipliez le matériel et jouez par équipe (course de relais).

Courses d'animaux

Panique dans la savane !

Super pour le thème Animaux !

Tracez les lignes de départ et d'arrivée.
À vos marques ! Prêts ?...

Kangourous : en sautant, jambes serrées et pieds joints.
Canards : accroupis, en se dandinant et en battant des ailes.
Lévriers : à quatre pattes sur les pieds et les mains... sans les genoux !
Grenouilles : en sautant accroupis, jambes écartées.

Conseil d'ami

Selon votre nombre et la place disponible, courez tous ensemble ou formez des équipes pour un relais.

6 et +

Autres courses

Courses 100 % fou rire !

Matériel :
- des foulards
- des ballons

Avant le jeu
Tracez, à 20 m l'une de l'autre, les lignes de départ et d'arrivée.

Les sioux : rampez aussi vite que possible.

Les ressorts : coincez un ballon de plage entre vos chevilles serrées et bondissez comme un ressort qui se détend.

Les brouettes : l'un avance sur les mains, jambes tendues, l'autre lui soulève les mollets.

Les aveugles (par trois) : deux se placent dans le sens de la course, celui du centre, dans le sens opposé. Tenez-vous solidement par les bras car le joueur du milieu ne voit pas où il court (il avance à reculons !).

Les chaises à porteurs (par trois) : deux se prennent les mains pour former une « chaise », le troisième s'assied dessus.

Les monstres à trois pattes (par deux) : côte à côte, attachez vos jambes qui se touchent avec un foulard.

6 et +

Le béret

Matériel :
- un béret ou un foulard noué

Formez deux équipes qui s'alignent face à face. Numérotez-vous. Le meneur de jeu pose le béret entre les deux lignes et appelle : « Joueurs numéro 3 ! »

Aussitôt, les numéros « 3 » de chaque équipe, une main derrière le dos, courent jusqu'au béret, tournent autour, feintent et hop ! l'un des deux s'en empare et regagne son camp sans se faire rattraper ! Il marque deux points.

Mais s'il est touché, le point est pour son poursuivant. Si aucun ne parvient à saisir le béret, le meneur de jeu appelle un autre numéro à la rescousse.

Jeux plus calmes

Les modifications

4 et +

Super pour le thème
Espions et détectives !

Trouvez l'erreur

Tu te laisses examiner sous toutes les coutures par tes copains. Puis tu disparais de leur vue pour opérer quelques subtiles modifications (changer ta raie de côté, ta montre de poignet, enlever tes lunettes, défaire un bouton, tire-bouchonner tes chaussettes, etc.).

Dès que tu es prêt, rappelle tes copains et annonce le nombre de modifications effectuées. Chaque bonne réponse vaut un point au découvreur, chaque mauvaise réponse te donne un point.

3 et +

Concours de chapeaux

Modistes en herbe

Matériel :
- du papier journal
- du papier kraft
- du papier crépon
- des assiettes jetables
- du ruban adhésif
- des ciseaux
- des feutres
- des pinceaux
- de la gouache
- des trombones
- une montre

Super pour le thème Chapeaux !

Vous vous répartissez les fournitures de façon équitable et définissez à l'avance un temps de réalisation (10 à 15 min par exemple).
À vos ciseaux, go !

Chacun se dépêche de fabriquer un chapeau spectaculaire, ravissant, époustouflant. Posez tout, c'est terminé ! Chacun défile individuellement avec son chapeau.

À la fin du défilé, votez pour désigner le plus original.

3 et +

Les boîtes-mystères

Matériel :
- des boîtes (ou des pots de yaourt fermés avec un papier scotché)
- du riz
- des haricots secs
- du coton
- des trombones
- du sucre
- des gommes
- des boutons
- des pièces de monnaie

Secouez-les pour percer leur secret !

Le meneur de jeu a préparé plusieurs petites boîtes remplies d'objets divers (une seule sorte d'objets par boîte).

Super pour le thème Espions et détectives !

Et maintenant, à vous de deviner leur contenu rien qu'en les secouant ! Toute bonne réponse vaut un point.

Mère, veux-tu ?

6 et +

Combien de pas de fourmi jusqu'à toi ?

Super pour le thème Animaux !

Faites une ronde puis lâchez les mains et reculez de trois grands pas. La « mère » est debout au milieu du cercle.
Tu l'interpelles en criant :
« Mère, veux-tu ?
Combien de pas de fourmi ? »

La « mère » s'immobilise pour estimer la distance qui la sépare de toi et répond, par exemple :
« Vingt pas de fourmi ! ».

Alors tu commences à marcher à pas de fourmi dans sa direction. Si elle s'est trompée, tu prends sa place. Sinon, elle reste au centre.

Ou bien...

Combien de sauts de crapaud, de bonds de kangourou, de pas d'éléphant...

3 et +

Bac en couleurs

Matériel :
- du papier
- des stylos

« Vin, grenadine, jus de tomate : stop ! »

Prenez chacun un stylo et une feuille de papier. Le meneur de jeu annonce une couleur (rouge, jaune, bleu, rose...), puis une catégorie d'objets (fleurs, fruits, légumes, animaux, aliments, boissons...).

Le premier qui écrit trois mots correspondant à la couleur et à la catégorie crie : « Stop ! ».

Il a gagné si et seulement si ils sont certifiés exacts par le meneur de jeu. Sinon, il a un gage !

Impro-minute

3 et +

Joue sans te poser de questions !

Matériel :
- du papier
- un crayon
- un chapeau ou une boîte
- un chronomètre

Une quinzaine de thèmes sont écrits sur des petits morceaux de papier et déposés dans le chapeau. À tour de rôle, chacun sort un thème du chapeau et improvise pendant une minute. Juste pour le plaisir de jouer !

Liste de thèmes

- Vite, c'est urgent !
- 3 heures du mat'
- Un bruit étrange
- Vendredi 13
- Où sont mes clés ?
- Super, il pleut !
- Face à mon idole
- Chut, je dors…
- Allez les Bleus !
- 104 ans et demi
- Mal de mer
- T'as pas la chair de poule, toi ?
- Ça sonne !
- Rencontre avec Dark Vador

Conseil d'ami

Commencez les impros à deux, ça permet de se « chauffer » et ça fait moins peur !

4 et +

Le dialogue de fous

Matériel :
- du papier
- des crayons

Mélangez les questions et les réponses !

Prenez chacun un papier et un crayon. En haut de la feuille, écrivez une question, puis pliez pour cacher ce que vous avez écrit et passez à votre voisin de droite.

Dépliez le papier reçu, lisez en silence, mémorisez la question puis, sans rien écrire, repliez et passez à votre voisin de droite.

Surtout, ne dépliez pas le papier que vous recevez à présent, mais notez plus bas la réponse à la question que vous avez mémorisée sur le papier précédent.

Puis dépliez tout et lisez tour à tour vos dialogues de fous !

Le sachem

Rampe comme un Iroquois !

Matériel :
- un sifflet
- un foulard

Asseyez-vous tous par terre, en cercle, le sachem* au centre. Il a les yeux bandés et son sifflet posé devant lui.

À tour de rôle, vous rampez silencieusement pour tenter de voler le sifflet. Toi, commence par exemple ! Prudence ! Le sachem a l'oreille fine. S'il pointe un doigt accusateur dans ta direction, tu retournes à ta place et c'est à un autre joueur d'essayer.

Mais si le sachem s'est trompé de direction, tu continues à avancer pour t'emparer du sifflet. Dès que tu l'as, siffle... et prends la place du sachem !

Super pour le thème Indiens et cow-boys !

*Vieux chef indien

1 et +

Pâte à sel

Ingrédients :
- 2 verres de farine
- 1 verre de sel fin
- 1 verre d'eau rempli aux 3/4

Facultatif :
- des colorants alimentaires, de l'encre ou de la gouache

Pour se faire de jolis souvenirs !

La recette

Mélange la farine et le sel, ajoute l'eau petit à petit, mélange et malaxe la pâte qui ne doit pas coller. Pour la teinter, ajoute un colorant à l'eau. Pour la conserver d'un jour sur l'autre, vaporise un peu d'eau et entoure-la d'un film plastique.

La cuisson

Demande à un adulte de t'aider. Pose les objets sur la plaque du four, couverte de papier d'aluminium. Cuisson à four tiède (th. 5 ou 150 °C). À surveiller ! Tes invités pourront emporter ces miniatures en souvenir de la fête !

3 et +

Sculpture minute

Grand concours de pâte à sel

Matériel :
- de la pâte à sel

Facultatif :
- des bâtonnets, des fourchettes, de la gouache, des pinceaux...

Ce jeu est parfait pour les groupes peu nombreux ! Partage la pâte de façon équitable entre tous les joueurs. Propose un thème (fruits et légumes, voitures, animaux, pains, pizzas et gâteaux...) et une durée de réalisation. Au bout du temps imparti, comparez vos chefs-d'œuvre !

Autre idée

Prépare une liste de mots (des objets faciles à modeler : pomme, banane, auto, chat, arbre...) et reporte chacun d'eux sur un papier replié. Toi, le premier joueur, tu tires un papier et tu modèles en une minute l'objet indiqué. Le premier joueur qui l'identifie marque un point !

4 et +

Passe la balle

Matériel :
- un ballon de plage

Fesses au sol et jambes tendues !

Asseyez-vous en rond, pieds nus et jambes tendues. Toi, tu prends le ballon et tu le poses sur tes pieds.
Et maintenant, passe-le à ton voisin, mais sans te servir de tes mains !

Ainsi, coincé ou roulé de pieds en pieds, le ballon fait le tour du cercle. Si tu le laisses échapper, tu as un gage !

Conseil d'ami

Si vous êtes nombreux, corsez la difficulté en introduisant plusieurs ballons dans le cercle.

6 et +

Arrêt sur image

Ne respirez plus... Respirez !

Super pour le thème Cirque !

Trois volontaires sont les acteurs, les autres sont spectateurs. Le meneur de jeu donne secrètement un thème aux acteurs. Puis il éteint la lumière et compte jusqu'à 30.

Vous, les acteurs, vous essayez de vous concerter à toute vitesse pour créer une scène illustrant le thème proposé. À 30, vous vous figez sur place.

Le meneur rallume. Les spectateurs doivent trouver le thème illustré. Et hop ! On recommence avec de nouveaux acteurs.

Liste de thèmes

Vous êtes à la finale du Mondial ; dans la salle d'attente du dentiste ; prêt à plonger dans la piscine. Vous sautez en parachute. Vous êtes des monstres marins. Vous avez avalé un truc étrange... et ainsi de suite !

Chien miaule !

Super pour le thème Animaux !

Faux, je ne bouge pas !

Le meneur de jeu énumère des noms d'animaux en affirmant ce qu'ils font, par exemple : « chien aboie ! », « canard vole ! ».

Si tu penses que l'affirmation est exacte, tu dois immédiatement aboyer comme le chien ou battre des ailes comme un canard qui vole.

Si tu penses qu'elle est fausse, reste immobile ! Si tu te trompes, tu es changé en cigogne : tu dois rester debout sur une jambe pendant trois tours !

Conseil d'ami

Moins on a de temps pour réfléchir, plus le jeu est amusant !

Le furet

Matériel :
- de la ficelle
- un anneau

Formez un cercle, l'un de vous au centre, et asseyez-vous par terre. Coupez une longueur de ficelle correspondant au périmètre du cercle, glissez l'anneau dessus et nouez les deux bouts.

Vous tenez la ficelle à deux mains et faites coulisser l'anneau de main en main en chantant la comptine. À la fin de celle-ci, le joueur du centre désigne celui qui cache l'anneau. S'il trouve, ils échangent leurs places.

Comptine

« Il court, il court, le furet,
le furet du bois joli.
Il est passé par ici,
il repassera par là, qui l'a ? »

Conseil d'ami

Plus on va vite, plus on rit !

Numéro d'ISBN : 2-09-250540-8
Dépôt légal : août 2005
N° d'éditeur : 10126364

Conforme à la loi 49 956 du 16 juillet 1949
sur les publications destinées à la jeunesse.

Imprimé en France par l'imprimerie CLERC.